Die Blüte
dieser kleinen
blauen Blume der Glückseligkeit
misst keine zwei Zentimeter.

Leicht zu übersehen.

Doch welche Wunder tun sich auf
wenn wir näher treten
und das Unscheinbare
genauer betrachten.

Maria Muñoz Muñoz

Begegnungen Querbergein

Gedichte

Verlag Books on Demand

Impressum

Bibliografische Information der Deutschen Nationalbibliothek:
Die Deutsche Nationalbibliothek verzeichnet diese Publikation in
der Deutschen Nationalbibliografie; detaillierte bibliografische
Daten sind im Internet unter http://dnb.dnb.de abrufbar.

Begegnungen Querbergein
von Maria Muñoz Muñoz

www.verlag-culturella.de
www.marias-selfpublisher-bar.jimdo.com

1. Auflage
©2014 Maria Muñoz Muñoz

*Illustrationen Cover, Rückseite und Innenteil,
Layout und Lektorat:*
Maria Muñoz Muñoz

Herstellung und Verlag:
BoD - Books on Demand, Norderstedt
ISBN 978-3-7357-39957
www.bod.de

Andere Leute

Nur mal vorab: ich sehe nichts, was nicht auch alle anderen sehen, ich höre nichts, was nicht auch alle anderen hören.

Aber irgendwie, wie soll ich es in Worte fassen...!

Den Horizont in buntes Rot tunkend führt die Sonne soeben majestätisch, in grandiosem Schauspiel, den Tag hinweg, geleitet ihn heim...

Zwischen hohem Ginster sitze ich, wohl und warm behütet, auf der knorrigen, großzügigen Wurzel meiner geliebten Steineiche, oben, nahe der Kreuzung, und verliere mich im goldenen Licht, das alles, alles um mich herum in Zauber hüllt.

Gewiss, es ist nicht wichtig, doch für mich ist jeder Baum, jeder Strauch, jedes Moos, auch eine Person... Und jeder Käfer, jedes noch so große oder kleine Tier...

Fern unserer Menschenwelt leben sie, vielfach unbeachtet, in ihren eigenen Gesetzmäßigkeiten, auf ihre Weise.

Ihrer aller Leben spüre ich, als spräche es zu mir, in meinem Herzen.

Ihr Leben springt mich an wie jene rote Beere, die eines Tages aus dem Schnee hervor leuchtete: es war mir unmöglich, mich ihrem Zauber zu entziehen.

So bin ich ein Gast in dieser nahezu unberührten, ursprünglichen Welt, die sich um uns Menschen nicht kümmert.

Diese Leute bereiten mir täglich ein Gastmahl auf ihre Art, ein königliches Gastmahl, und ihr Wein, ihr Gesang, ihr Farbrausch berückt mich in ihrer schlichten Unscheinbarkeit nur umso mehr...

Gewiss, wir sprechen nicht dieselbe Sprache, gewiss bin ich sehr blind in ihrer Welt. Doch von Herz zu Herz, von Seele zu Seele, weht ein Hauch, etwas, irgendetwas, das berührt, irgendetwas, das man nicht beschreiben, nicht in Worte fassen kann.

Die freundschaftliche Aufnahme, die sie mir zuteil kommen lassen, immer wieder, beglückt mich, erfüllt mich – sie schenken mir ihr Leben, allein durch ihre Gegenwart, sie lehren mich, allein durch ihr Dasein; nie sind sie gleich, nie eintönig, nie gelangweilt.

Und es ist ihr ungehörtes Lied, ihr Gesang, ihr Rascheln im sanften Abendwind, das ich singe, singe ohne Ende.

Wehmut

Eine Blaumeise
flog gegen mein Fenster
wie ein Schatten
in einem Augenwinkel
und ein merkwürdiges Geräusch.

Warm und erstaunt
noch in der Hand
neigst du den schon
gebrochenen Blick
in die stumme,
unbekannte Ferne...

Wo wohl Vögel gerne sterben?

Unsichtbare Tränen
im stillen Regen
verlassen liegt
dein kleiner Leib
vergessen vom Leben
im Park.

Glück

Ein Grünfink
flog gegen mein Fenster
wie ein Schatten
in einem Augenwinkel
und ein merkwürdiges Geräusch.

Warm und erstaunt
in der Hand
hebst du bald
den schweren Kopf
wild schlägt
dein kleines Herz
vor Schreck.

Oh, bitte, fürchte dich doch nicht
du süße, kleine Seele!

Und eine kleine fliegende Perle
gütiges Geschenk des Himmels
singt leicht und froh
wie mein Herz
und grüßt
aus der Ferne.

Las Villuercas

Über großzügige
bunte sanfte Täler
schweift der Blick

So weich
und endlos
wie ein staunendes Herz
das sich frei
dem Himmel öffnet

So weich
und endlos
wie ein mildes Lächeln

das tief
in deinen
stillen Augen ruht

Weit gestreut
schmiegen sich
die kleinen Ortschaften
und ihre Pflanzungen
in die heiteren Täler

Zwischen zu hohem Fels
versteinerten Schaumkronen
eines wogenden Meeres
lang vergessener Zeiten

Beschenkt

Ein schöner Vormittag
auf der Suche
nach Stille
und Abgeschiedenheit

Hoch steht
glühend die Sonne
ein wildes Rebhuhn
mit über zehn Küken
läuft vor uns her

Zwischen den Bergen verborgen
bei der alten Schmiede
Eukalyptus, Erlen, Pinien
Duft verblühter Zistrosen
Weideplatz von Ziegen und Kühen
Ameisen, Käfer, Schmetterlinge
Bremsen und Grillen aller Art

Murmelnder Bach
plätschert frisch am Wehr
schwimmende Algen im Teich
die in der Sonne
zu ungeahnter Schönheit erblühen

Altertümlichen Luftschiffen gleich
surren bunt und rasch
Libellen durch die Luft
rasten lustig
an Stein und an Grün

Stille Belanglosigkeit
heitre Selbstgenügsamkeit der Natur

Im kühlen Wasser erforschen
mich die Fische unbefangen
und der Vögel Gesang
scheint mir Geschenk

Und als ich das Wasser verlasse
genieße ich den Eidechsen gleich
die zögernd
hervorgekrochen kommen
am warmen Stein
die Sonne

Ein kleines Schlänglein im Wasser

Ein Fisch springt neugierig
witzig in deinen Schoß
und zurück in den Bach

Schöne Nutzlosigkeit
fühle ich mich
wie ein Teil der Natur
und ohne jede Wichtigkeit
irgendwie eins mit mir selbst.

Am Rückweg steht
beim Pferd an der Kreuzung
unterm Baum
eine Eule auf der Mauer
und ein Pirol
fliegt herrlich auf
im Gesträuch

Und abends am Platz
plaudern die Leute

Die große Heuschrecke
sitzt an der warmen Hauswand
und ein Gecko
tritt zur nächtlichen Jagd an

Welch unermesslich
reiches Geschenk
welch unversehene
Offenbarung.

Über den Bergen

Die Sonne geht.

Am Horizont ruht schweigend
die im Dunkel verklingende
Runde der weichen Bergketten

Der blaue Himmel schwelgt
in wilden Malereien

Die hin gewischten Wolken
stehen scheinbar unbewegt
im unruhigen Gewölbe

Erst braun und grau
vom Sonnenlicht bemalt
sind sie nun
ein endlos großes
Flammenmeer

Auch
in meinem Herzen

Begegnung im Winter

Ein strahlend schöner Tag ist es; jedoch bitter kalt.

Ich laufe zügig am Bach entlang. Der Wind pfeift und dringt durch die Kleidung.

Zufällig fällt mein Blick auf den Drahtzaun, der den Weg vom Gewerbegebiet abgrenzt. Da – war das nicht ein roter Tupfen? Schon bin ich dran vorbei...

Während der nächsten zwei, drei Schritte zaudere ich.

Soll ich es wagen, zurück zu blicken, ja, zurück zu gehen? Wenn es wirklich ein Vogel war, wird er dann nicht weg fliegen? Darf ich ihn bei dieser Kälte wirklich aufstören?

Dann bleibe ich stehen und drehe mich langsam um.

Auf dem Zaun, kaum zwei Armlängen von mir entfernt, sitzt das Glück: ein Rotkehlchen, aufgeplustert wie eine Kugel. Es rührt sich keinen Millimeter.

Eine Weile betrachten wir einander. Der Wind beißt, treibt mich heim. Schließlich gehe ich.

Nein, ich gehe nicht: ich schwebe.

Altchinesische Inspiration

Schneerosen
hast du mir gebracht
schmerzliche Schönheit
steht schlicht im Glas

Geschwunden ist
die leichte Kraft
gebrochen dein Blühen
sinkt das Köpfchen

Sag, bist du schon fort
oder fällt dir der Abschied
noch schwer?

Du süßes Leben
verlorene Erinnerung
an einen blühenden Hang
im Schnee der Berge

Ich danke dir.

Mandelbaum

Hinter dem Dorf
hoch oben am Hang
liegen viele kleine
felsige Mandelgärten

Weiß und rosa Blütenregen
schmückt das grüne Gras
zwischen den
aus der Erde ragenden
bunten Felsbrocken

Am Schoße einer dieser
frohen Bräute
nehme ich Platz

Der ganze Garten
ist erfüllt
von zartem Duft

Der ganze Garten
ist erfüllt vom Summen
unendlich vieler Bienen

Weiß prangt voll die Krone
über mir
im hohen Blau

Ihr mächtiger Zauber
entführt mich weit
in ein fernes Land
des tiefen Herzens

Welch ein endloser Rausch
von Blüten

Welch ein gewaltiger Gesang

Ich werde wiederkehren
du gastfreundlicher Baum
und dann schenke ich dir
einen schönen Stein

Ich hoffe dass auch du
dich daran freust
so wie deine Hochzeit
mit großer Trunkenheit
mich weit erfüllte.

Der Fluss

Unmerklich zieht der Fluss
zwischen kleinen Bergen.

Weit streckt er ruhig
seine tiefen Fluten
in die Mündung
eines Baches

Es schimmern
hell die Felsen
durch seine grünen Wasser

Erst nach langen Hügeln
voller Ginster
voller duftendem Thymian
voller Steineichen
voller Schieferfelsen
die aus der nassen
dunklen Erde ragen

Voller Gras
und kleiner Blumen
voller kleiner Schmetterlinge
die dich zu begleiten scheinen

Murmelt der Bach
sein eigenes Lied

Während er in der Ferne
unhörbar singt

klingt nahe der Mündung
in hohen Ufern
heute nur selten
ein Vogel

Klingt nahe der Mündung
nur unendlich tiefe
gewaltig tiefe
Stille.

Verlorene Welt

Einst wogten
gelbe Felder
von Weizen und Hafer
von rotem Mohn gesäumt
in den Hügeln und Senken

Einst wurden
auf den Tennen
die aus vielen Schieferplatten
in den braunen Boden gelegt
die Körner gedroschen

Einst mahlte der Müller
in seiner Mühle
am Flüsschen das Mehl

Eins buk der Bäcker
im Dorf das helle Brot

Einst gab es
reiche Gemüsegärten
und Hühner
und Milchkühe
und Ziegen und Schafe

Und nie gab es Müll

Überall brandete
menschliches Leben
jung und alt

Der Lehrer unterrichtete
in der kleinen Dorfschule
und die Kinder spielten
mitten in der Natur

Heute erinnert sich
nur dunkel das Land
an die Vergangenheit

Liegt brach
in alten Ruinen
träumt in alten Bildern

Das Rinnsal läuft gleichmütig
durch ehemalig
buntes Leben

Streichelt sanft
Felsen und Wiesen
vergisst sich endlich
im großen Fluss

Vergeht
wie der blinde Strom
menschlicher Existenz
zu bald
unwissend
im großen Nichts.

Begegnung im Sommer

In einem grünen Kornfeld
leuchtet rot
eine Mohnblume

Bestrickt das Herz unendlich
trunken taucht
das Auge immer wieder
in ihre satte üppige
schüchtern entfaltete
leicht geknitterte
Zartheit

Die hoch und würdevoll
im Grün der Halme ruht

Der göttliche Moment
allertiefster Bewunderung
allertiefster Berührung
brennt sich unauslöschlich
in die Seele ein

Auch wenn die Zeit
meine Schritte
weiter führt
bleibt diese Begegnung
unwiderruflich

Und ihre flammenden Spuren
pulsieren hörbar
jeden Augenblick
in jeder Faser
meines Seins

Wenn spontan zwei Seelen
hell und klar
tief sich
in die Augen schauen
so sind sie jenseits
aller Zeit

So verwandelt sich
das Leben
hier und jetzt
in einen fortdauernden
Augenblick
tief
wie ein Sternenmeer

Niemand von uns
ist doch wirklich wichtig

Doch das größte Glück
unserer allerinnersten Natur
ist es allein
sich äußern zu dürfen

Und mischt auf diese Weise
einen Tropfen Glück
auch in den Lebenstrank
all jener
die uns umgeben

Die Blume fürchtet nicht
zu vergehen
auch wenn mancher
sie lieber nicht
im Felde sähe

Sie ist sich ihrer Verletzlichkeit
und Vergänglichkeit
und ihrer geringen Bedeutung
sehr wohl bewusst

Doch ist es ihr nicht wichtig
wichtig und gut zu sein

Es ist ihr ganzes volles Glück
so rot zu leuchten
einfach so
einfach so

Abschied

Der Schleier
senkt sich weich
über die sanften Berge
wie ein zarter Traum

Die Vögel plaudern
und die Schafe
gehen läutend
ins Dorf zurück

Bunt ist
der weite Horizont
der fernen
Silhouetten

Die Sonne sinkt
und rasch ergreift
die Winterkälte
die Luft
das ganze Land

Wie still
und geheimnisvoll
kehrt die Ruhe
der weichen Nacht ein

Hoch stehen bald
die feinen Sterne
hell ruft der Mond
im Westen grüßt

Noch tief leuchtend
der blaue Himmel
zum Abschied

Adieu
du schöner
heller Ball
aus unendlichem Licht

Landschaftsbilder

Dein Väterchen
konnte nicht verstehen
weshalb wir nur
die Landschaft fotografieren
und keine Leute

Ach Väterchen!
Weißt du nicht
dass all die
schönen Hügel und Berge
die dich umgeben
auch Leute sind?

Jeder von ihnen
ist doch anders
hat seine sehr
persönlichen Eigenschaften

Sie sprechen
auf ihre Weise
wenn dein Herz
weich und offen ist
kannst du sie hören

Die bunten Steine
die aus der Erde ragen
singen scheinbar schweigend

Die Ginsterbüsche
jung und alt
lächeln und hüllen

sich zögernd in
herrlich weiß und gelbe
Blütenkleider

Hast du noch nie
das Wasser still
vor sich hin lachen hören?

Hast du noch nie
die freundliche Einladung
eines Felsens gehört
auf ihm zu ruhen?

Ach Väterchen!
Bei jedem Schritt
den ich auf dieser
göttlich süßen
Erde tue
grüße ich
grüße ich

Ach Väterchen!

Ungezählt sind die Gesichter
ungezählt sind die Leute
auf unseren Bildern
siehst du sie denn nicht?

Der blaue Vogel der Glückseligkeit

Ein Wintermorgen. Erster Arbeitstag im neuen Büro.

Ich radele durch kleine, von viel Grün gesäumte Wege und Straßen und folge dann dem Bach.

Plötzlich blitzt seitlich etwas türkisfarben auf.

Kann das wirklich sein? Ein Eisvogel?

Während ich fahre, schaue ich immer wieder nach rechts zum Bach.

Es ist tatsächlich ein Eisvogel.

Er sitzt auf dem Ast eines Baumes am anderen Ufer. Als ich vorbeifahre, fliegt er weiter nach vorne. Mein Blick tastet das Geäst ab – wo ist er?

Da – ich sehe ihn auf einem Strauch weiter vorne. Als ich ihn kurz darauf hinter mir lasse, fliegt er erneut ein Stück vor, und wieder bleibt er in meiner Sichtweite.

So geht es drei, vier Mal.

Dann muss ich abbiegen, den Bachlauf verlassen.

Wie lang mag diese Begegnung gedauert haben? Drei Minuten? Doch seine Schwingen tragen mich durch den Tag – und noch viel weiter.

Neues

Eine große
schwere Tasche
hast du
zum Fluss mitgenommen
um die Zeit zu nutzen

Jetzt
sitzt du
in der warmen Sonne
auf einem schönen
breiten Felsen
und die frische Winterbrise
kühlt deine Haut

Du betrachtest
die ruhigen Berge ringsumher
und lauschst
dem Plätschern
des Wassers

Und der Fluss
füllt dein Herz
rinnt hell
durch deine Adern
reißt dich mit

Die Landschaft malt
ihre Farben und Töne
in deine Brust

Spüle mich leer, Fluss
spüle mich einfach weg

Singe selbst im letzten
meiner innersten Winkel
bis ich ganz
verschwunden bin

Ich mache
dir gerne Platz

Willst du
mir was erzählen?

Wintersonne

Wie einen Dürstenden
in der Wüste
treibt es mich zu dir -
bist doch die Quelle
die meiner Seele
Leben spendet.

So mild stehst du
schon hoch am Himmel.

Beißend kalt schneidet
die herrlich reine Luft
und der Schnee
leuchtet weit
zum blauen Gewölbe.

Ich sitze
im letzten Winkel
wo du noch scheinst heute

Und dieses
wunderbare Licht
scheint einfach so
mitten in
mein Herz hinein

Du wärmst
und erhellst
meine Seele
ganz tief innen
und ich gerate
in Verzückung

Der Busen
quillt mir über

Vor dir
verliert alles andere
an Bedeutung

Wie gern bin ich
betrunken
an dir

Kleiner Kosmos

Tausend grüne
und auch rote Sterne
wohnen im Fels
und schauen
gen Himmel

Und tausend grüne
kleine Sonnen
sprießen am Boden
der erquickt
durch kurzen Regen
dankbar
sein Geschenk darbringt

Und tausend winzige
bunte Mondenschönchen
leuchten verborgen
im üppigen Grün
zwischen den Steinen

Alles drängt sich
dicht an dicht
dem warmen Licht
der Sonne entgegen

Unendlicher Widerhall
der stillen Sternennächte

Unermesslich gewaltiger
kleiner Kosmos

Welch einziger
Gesang du bist.

Querbergein

Am Flüsschen entlang
wo einst
nur Wanderer
die Spuren
ihrer Füße ließen

Hat der gewaltige Fels
heute eine wehe Kerbe
in der die Menschen
auf gewundener Straße
die Berge
im Auto umgehen.

Der freundlich
große Stein
der einst
so einsam schön

sich an der Mündung
mit dem Bächlein
zum Ruhen
nach dem Bade bot
liegt nun
direkt an der Straße.

Wir folgen erst
dem Bachufer
aber es ist
sehr unwegsam
und weil
der weiche Berg
so unendlich schön ist
muss ich
einfach hinaufsteigen

Und so gehe ich
Schritt um Schritt
querbergein

Klopfe nur mein Herz
ich schenke dir dafür
den allergöttlichsten
Duft der Erde

Klopfe nur mein Herz
ich schenke dir dafür
lebendige Felsen
lebendiges Grün
unter den freudig
wachsamen Füßen

Klopfe nur mein Herz
ich schenke dir dafür
den endlosen
Rausch der Natur
und das Gefühl
von Leben

Siehst du
den wilden Vogel
erschreckt fliegen?

Hörst du
den wilden Bach
gelassen singen?

Still sind
die grünen Berge
ringsumher
ein großer Fels
lädt behaglich
mich zum Sitzen ein
und ich könnte
schier zerspringen
vor lauter Liedern

Jetzt ruhe nur
mein Herz
ertrinke
im blauen Himmelsmeer

Die unberührte Erde
ist deine Heimat
die dich wiegt

Die weite große Sonne
erfüllt unendlich dich
mit Licht und Leben

Der wilde Bach
bin ich
als Gast
in deinen Hallen.

Vor meinem Fenster

Seit ein paar Tagen
sehe ich jeden Abend
ein Liebespaar
das sich öffentlich
und ungeniert
vor den Augen
aller liebt

Der schöne helle
lichte Ball
neigt sanft doch rasch
den Bäumen
am grünen Horizont
sich sehnend zu
wie ein Liebender
der Geliebten

Und errötet wie Feuer
wenn er endlich
unendlich beglückt
sie berührt
mit seinen unsagbaren
Lippen küsst

Und leuchtet
mit mächtiger Gnade
versinkt
mit großer Freude
hinter der weiten Ebene
seiner Geliebten
sogar die Vögel
schweigen still

Wie verwunschen
und verzaubert
liegt sie nun
in leichtem Schleier
von seinem Kuss
dem geschäftigen Treiben
des Tages entrückt

Und der Himmel
leuchtet noch lang
und grüßt
vom Licht des Geliebten
aus weiter Ferne.

Kleine Mutter

Am Sonntagmorgen
seid ihr
auf die Sierra gegangen
und mittags gehe ich
euch entgegen
über den felsigen Pfad

Seitlich höre ich
die Glocken einer
fernen Schafherde läuten

Als plötzlich am Weg
auf einem Fels
an der Mauer
ein Schaf mit seinem
neuen Lämmchen
in der warmen
Sonne ruht

Ich bleibe stehen
und wir schauen uns an

Das Schaf ruft zart
sein kleines Kind
das schweigend
sich erhebt
und auf noch
staksigen Beinchen
hinter ihr hergeht

Weiß leuchtet
seine weiche Wolle

Noch hat es
den blutigen Rest
der Nabelschnur
nicht abgeworfen

Ruhig geht
die kleine Mutter

Ich lasse ihr Zeit
und warte

Das Lämmchen trinkt
an ihrer Brust

Erneut mahnt
unendlich zart
sie ihr Kind

Und seitlich
geht sie sorgsam
über die zerfallene Steinmauer
auf die Weide
neben dem Weg

Als ich später mit euch
wieder vorbei komme
ist von Schafen
nichts mehr zu sehen...

Olivenhain

Hinter dem Dorf
oben am Hang
nach der alten Dorfschule
und dem ehemaligen Friedhof
liegen viele kleine
leicht gewellte
Olivenhaine

Im feinen Schatten
eines Olivenbaumes
liege ich
und träume

In der Wiese wächst
der wilde Spargel

Und munter trillern
froh die Vögel

Deine schöne Krone
du schöner Baum
schenkt mir Obdach
und ich versinke
wohl behütet

Im endlosen Blau
des weiten Himmels
unter einer
hohen Sonne

Deine mächtige Wurzel
du schöner Baum
streckt sich gewaltig
erst weit oben
sich verjüngend
nach allen Seiten
und tief
in die göttliche Erde

Denn knorrig stehst du
auf unerschütterlichem Fundament
du schöner Baum

Und gegen alle wilden Stürme
verteidigst du geduldig
dein weit gefächertes Geäst

Welche Heimat bist du mir
du weiser alter Baum
an deinem starken Stamm
ruhe ich
unendlich vergessen

Du ewig schöner Baum
dein grüner Zweig
im Schnabel
der Taube
dieses stillen Gartens
ist endlich
tiefer Frieden
in meiner
aufgewühlten Brust.

Himmelslieder

Im Westen wallen
rosa Nebelschwaden
am Fuß der hohen
bläulich-roten
Wolkenberge

Weiße Schäfchenherden
ziehen weit
über den blanken Himmel

Am östlichen Himmelsmeer aber
tanzen weiß
die Schaumkronen
auf den blauen Wellen
in Richtung des Morgens

Im oberen westlichen Himmelsmeer
tost die Brandung
an die Wolkenklippen
und hoch hinauf
spritzt links
die Gischt

In der mittleren
westlichen Himmelsmeeresbucht
gleiten heiter und hell
die leichten blauen Wellen
gekrönt von weißem Schaum
an das Ufer
der dunklen Wolkenfelsen

Am unteren westlichen
fernen Horizont hingegen
neigt rasch
der Sonnenball sich
rechts am hohen
grünen Baum vorbei
in die weiche
grüne Senke hinein

Spricht besonders eindringlich
durch die Ritzen
der Wolkenmauer
hinter der
er sich verliert
und bemalt alles intensiv
in Rosa, Licht und Lila

Unmerklich fast
und geheimnisvoll
ragen in blau rosener Fläche
stille sanfte
Wolkenberge
in weiter Ferne.

Erdentaumel

Wie wunderlich,
rau süße Erde
mag dir jenes Wesen scheinen
welches wie im Taumel schreit
auf deinen wilden Bergen

Welches ohne Sinn
doch glücklich
verloren und ganz ohne Ziel
zwischen den felsig weichen Falten
deiner schönen Haut wandelt

Ach, wie frischer Flaum
erhebt sich auf deinem Antlitz
solch zartes, neues Grün

Ach, welch schlichtes Murmeln
singen deine hellen Tränen
bringen Leben überall

Wie wunderlich
rau süße Erde
mag dir jenes Wesen scheinen...

Du raubst mir mein Herz
du berauschst meine Sinne
du machst meine Füße
unendlich verliebt

Deine sanften Hügel
deine sprechenden Felsen
machen mich trunken.

Und ich gehe, gehe, gehe
einen Schrei
in meiner Seele!

Mutter, Mutter!

Du wiegst mich
in deinen
duftenden Armen
deinen Felsen
deinem Boden
deinen Bäumen

Und ich verliere
den Verstand
dein singender
bunter Rausch
heilt mich
von allem Zweifel

Ach!

Wenn du wild
mein Sein ergreifst
macht es mir nichts aus
wie sehr du mich
dabei entrückst
mach mit mir
was du willst
ich bin gerne verloren
in deinem weiten Raum

Verbrenne doch
mein Herz
so ganz und gar

Damit es
als Asche wiederkehre
in den unendlichen Frieden
deiner von Sternen
übersäten Nächte

Damit es
als Asche wiederkehre
ein für alle Mal
in das stille Haus
der Götter.

Abseits

Dort draußen
auf einem der vielen
weichen Hügel hier
unter jenem
schier endlos
tief blauen Himmel
staunt das Herz
unendlich

Sich vergangener
Blütenkleider entsinnend
reiben die grünen Zistrosen
schon mit glänzend

süßem Harz sich ein
als duftende Vorbereitung
für die feinen Knospen
die auf einem
anderen Berg
schon vereinzelt
zaghaft blühen
und göttlich
sich verschenken

Links rinnt
ein kleiner Bach
über das gerundete Gestein
verborgen von Grün
fast unhörbar
hinunter zum kleinen Fluss

Hast du gesehen?

Ein Reh
läuft über einen Hang
aber als ich
es dir zeigen will
hört es mich
kehrt uns den Rücken zu
und verschwindet eilig
hinter der Kuppe
in Richtung Wasser

Dieses satte Blau
des Himmels
scheint fast
unmerklich intensiv

Am Rückweg
steht in
feines Grau gefiedert
edel ein Reiher
unten im Fluss

Halt an! Schau doch!

Der schöne
große Vogel
jedoch hört
uns ungern anhalten
breitet weit
die Flügel aus
und fliegt
davon

Verzeih, Geliebter
aber das nächste Mal
werde ich schweigen.

Immer wieder

Der Abend fällt
allmählich.

Im Grün
zwischen den
hohen Häuserschluchten
singt eine Grille

Singt für uns alle
laut und vernehmlich

Was gäbe ich darum
ihr berückendes Lied
zu verstehen!

Der goldene Schleier
des abendlichen Lichts
bemalt voll
schweigendem Zauber
die Mauern und Bäume

Glück ergreift
mein Herz
wie ein Hauch
des Unendlichen

Vergessen ruht
im blassen Blau
des geduldigen Himmels
still eine Wolke.

Bruder Mond

Das Dorf liegt, vergessen in den Hügeln, eingebettet in das Dunkel der Nacht.

Unter den Dächern lacht und tanzt das Leben, Musik dringt aus Türen, die sich öffnen und schließen...

Es ist Dorffest heute Nacht.

Aus dem von Rauch geschwängerten, überlauten Bürgersaal, in dem die Veranstaltung stattfindet, flüchten wir eine Weile hinaus, in das weiche, stille Dunkel.

Die halb zahme Füchsin wartet auf der Straße auf den gewohnten Bissen, kennt uns nicht, weicht vor uns zurück, langsam, zögerlich...

Und plötzlich, als setzte es zum Sprung an, spannt sich diffus ein silberhelles Licht über den Hügel bei der alten Dorfschule oben, und, von einem blaugrauen Schleier umflort, erhebt sich rasch und unglaublich groß... der Mond.

Nur wenige Minuten später schon steht er ungerührt am klaren Himmel, schon fern, schon entrückt – als wüsste er nie von einem Kuss der überraschten Erde, von einem Kuss unserer gebannten Herzen, von einem der ungezählten Küsse der Natur hier, die weit besser berauschen, weit vermessener berücken als jeder Wein, jeder Tanz, jedes Fest.

Aquarell

Die Bergketten haben sich
unmerklich fast
in feinen Dunst gehüllt
und verlieren sich
in immer helleren Pastellen
weit in der Ferne.

Leichte Wolkenschleier
ziehen gemächlich
über den Himmel

Still glüht sanft
die Sonne

Still ruht weit unten
farblos der See

Die Glocken der Schafherde
verklingen allmählich

Ein paar Geier
schweben zuweilen
durch die hohen Lüfte

Zuweilen plaudern
kleine Vögel

Und andre fliegende Gesellen
keckern laut zuweilen

Still ruht der Fels

Unwirklich scheint alles
in diesem eigenartigen Licht

Der unsichtbare Dunst
entrückt verzaubernd
was doch nah ist
in eine große Ferne

Die Zistrosen
haben schon scheu
einzelne zart weiße Blüten
behutsam auseinander gefaltet

Wie frisch lackiert
glänzen in leuchtendem Grün
ihre neuen Blätter
süß duftet der Berg

Ginster in weißem Brautkleid
kleine lila Blumen im Gras
blühender Rosmarin

Die Feigenbäume im Tal
stehen rund
in hellgrauem Kahl

Ein schöner Stein
in prächtigem Gewand
aus strahlend weißen Quarzkristallen
wohnt bescheiden
im grünen Gras verborgen
wie ein kleiner
edler Bergfürst

Weich streichelt der Wind

Spinnweben
wehen schimmernd
in den Sträuchern

Schafwolle hängt
in feinen Flusen
in Bäumen und Büschen

Friedlich und selbstverständlich
ruht das Land

Unwirklich
scheint die Welt
in diesem eigenartig
stillen Licht

Als wären wir in jenem
seltsam alten
verwunschenen Land
das schon so ewig lang
vergessen ist.

Jenes Unsichtbare...

...das mein Herz berührte
als ich durch
die Natur fuhr

Mein Blick
stahl sich
ein paar Augenblicke
weg von
der geschäftigen Fahrbahn
hin zu dir

Du schöner weicher
grüner Hang
umrahmt von
Baum und Gesträuch
in reiner
sprechend klarer Luft
unter einem
hellen Himmel

Und fern und unberührt
von dem Getöse
verhüllt ein leichter
Nebelschleier
dein Geheimnis
aus der Nacht

Und singt
meinem Herzen
vergessene Lieder
und Töne

des großen Wunders
und der Allmacht
der lebendigen
Natur

Ach, du sprichst zu mir
auch ohne Worte

Die Schöpfung ist
ein viel verwobenes
Werden und Sterben
Staunen und Leiden
Singen und Wehklagen
ein gewaltiges Brausen

Und doch
eine machtvolle Stille
überlaut
und unerhört

Gewitter im März

Plötzlich
am sonnigen Nachmittag
beim Brennnessel sammeln
steht mitten
in der dunklen Wolkenwand
schüchtern
ein Regenbogen

Plötzlich
am sonnigen Nachmittag
beim Brennnessel sammeln
stürzen groß und rauschend
helle Tropfen verwundert
vom Himmel herab

Drängen eilig
in geheimnisvoll wehende Schleier gehüllt
sehnsuchtsvoll fort

Küssen rasch
weich und unendlich
die westlichen Hügel
am schemenhaften Horizont

Während hier
über dem Berg
der unruhige Himmel
bereits wieder
in blanken
blauen Farben mischt

Las Veneras

Unscheinbar liegt
jenes schöne Tal

Hinter jener Straße
bergabwärts
immer weiter hinunter
über einen Holperpfad

In eine vergessene
Welt hinein

Zwischen leichten Hügeln
und Bäumen verborgen
starrt noch wund
an vielen Stellen
die rote Erde
in aufgebrochenen Brocken
und tiefen Höhlen

Atmet geheimnisvolle Vergangenheit
manch einsamer Pfad
neben dem kleinen Wasserlauf

Das Wasser rinnt
manchmal flach
über das Land
von weißen Blüten übersät
und manchmal
in hohen Felsufern

Und versickert plötzlich
in unsichtbarem Nichts

unterirdischer Stollen
um an andrer Stelle
wieder aufzutauchen

Reges Leben war hier
vor langer Zeit einmal

Die alten Römer
bohrten tiefe
Löcher und Höhlen
in den roten Stein

Wo heute nur noch
ab und an
ein Imker
nach seinen Bienen sieht

Ein Hirte
mit seiner
Schafherde geht

Fernab
von menschlichem Geschrei

Verzaubert
ist dieses Stück Erde
als wäre es
eine eigene kleine Welt
ein Hauch alter Vergangenheit
liegt über ihm
als spräche es
in tausend Worten

Verwildert wuchern
über alten Wegen
Ginster und Gesträuch
und stehen schlicht
Steineiche und
blühender Mandelbaum

Oben am Hang
doch gut versteckt
liegt eine großzügig
ausgelegte Ruine
sorgsam Stein an Stein gefügt
einer alten Festung gleich
von der nur die Grundmauern
noch übrig sind

Niemand weiß
von wem sie ist
und niemanden
interessiert es

Belanglos ruht
das freundliche Tal
in seinem stillen Gang
schenkt gern
dem einsamen Wanderer
seltsame Geborgenheit
singt stumm
in tiefem Frieden.

Gesang der Natur

Eines Morgens sitzen
nah an der stark
befahrenen Straße
tief im Korn versteckt
gelassen zwei Rehe

Lugen gewitzt
über die Halme
auf die bunte
wartende Blechschlange
vor der Bahnschranke

Ganz still
ganz leise
ganz verborgen
nur zuweilen
viel sagende Blicke
großer Augen tauschend

Als wären sie
zwei Jäger
die die Tiere
in freier Wildbahn
beobachten gehen.

Am Abend im Regen
isst ungerührt
von den nicht enden wollenden
vorbei stürmenden

Feierabendkarawanen
ein großer Hase
in der Wiese
sein Abendbrot

Und auf einem
Hochspannungskabel
neben der Straße
am Waldrand
schaut ruhig
würdevoll ein Raubvogel

Schweigend auch er

Die Indianer sagen
die Tiere zeigen sich nur dann
wenn sie es wollen

Dieses Lied habe ich
an dieser Stelle
zu dieser alltäglichen Stunde
noch nie gehört

Welch freundliches Lächeln
verborgen mächtiger
allerinnerster Heimat

Stille Nacht

Verronnen
ist der Tag
in endlosen Landschaften

Hinter hohen Bergen
in der Ferne
verbarg die Sonne
ihr Licht

Und senkte
mit weichem Pinsel
das Land allmählich
in warme Nacht

Weit spannt
des Himmels
dunkle Zelt
sich über
den vergangenen Tag

Ich tauche in das
unendlich weite Meer
unzähliger Sterne

Still ruht die Welt

So klar ist die Luft
im Dunkel leuchten
unendlich viele Sterne
und sie sind
zum Greifen nah

Still atmet die Welt

Der Kirschbaum streckt
die mit offenen Blüten
übersäten Zweige
in die stille Nacht

Auch er ruht
selbstvergessen

Vertrauensvoll
senkt sich das Herz
in den großen Chor
der freundlichen Lichter
die aus
der hohen Ferne winken

Weit, weit
sehnt sich das Herz

Still atmet
die schlafende Welt

So unendlich
viele Sterne.

Der Abendball

Nehmen wir an, wir werden auf einen exquisiten Ball eingeladen.

Was tun wir, ungeübt wie wir sind? Wir kleiden uns so angemessen wie irgend möglich, passen unser Verhalten der Umgebung an. Respektvoll bewegen wir uns mit unserem Champagnerglas zwischen Roben und Fräcken...

Wenn ich in die Natur gehe, ist es, als bewegte ich mich zwischen vornehmen Leuten, die nicht zur Seite treten können...

Ich nehme sie wahr, und ich nehme sie genauso ernst wie menschliche Leute. Ein wenig unangemessen aufdringlich vielleicht bewundere ich ihre Kleider, fasse Blätter und Rinden, streichle mit den Augen, erfühle ihre Härte, ihre Weichheit.

Denn leider fehlen mir die Worte, um mich ihnen angemessen mitzuteilen.

Ein etwas ungeschickter, plumper Gast bin ich daher auf ihrem prächtigen Ball, aber sie nehmen es mit Gleichmut hin. Und da ich mich bemühe, wenigstens nicht respektlos auf ihren Roben herum zu trampeln, ist mir, als betrachteten sie mich eher etwas amüsiert und gutmütig wohl gesonnen, wenn ich wie ein Verdurstender in ihre prallen Arme wanke und mich ihrem üppigen Leben einfach hingebe und vergehe.

Wenn ich mich mit ihnen im Wind wiege, singe ich, singe ich ohne Worte...

Gewiss, ich weiß nicht wirklich, was sie „denken", aber was macht das schon?

Was ich empfinde, das schreibe ich...

Es ist nur so eine Art Klang, ein Art Klang ganz tief im Herzen.

Hochzeit

Der große
gesetzte Wanderer
zwischen den Bergen
feiert heute Hochzeit

Die kleine frische
muntere Braut
läuft ihm
zwischen den Hügeln
freudig entgegen

Gemessenen Schrittes
näher auch er sich
ihrem kleinen
schmalen Haus

Und er öffnet weit
seinen großen Arm
und nimmt sie
freundlich
in Empfang

Wie eine kleine Katze
schmiegt sie sich
zutraulich an ihn

An jener Stelle
zwischen den Bergen
scheinen heute

mehr Vögel
zu singen
als anderswo

An jener Stelle
zwischen den Bergen
scheint die Zeit
seltsam stillzustehen

An jener Stelle
zwischen den Bergen
scheint ein sehr
schweigsames Fest
stattzufinden

Er und sie
vereinen sich
vermengen sich
ganz und gar
und ruhen
ruhen tief

Sie verjüngt ihn
mit ihren frischen
hellen reinen Wassern
und stirbt froh
in ihm

In seinem weichen Arm
schläft sie geborgen
in ewig süßem Traum

An jener Stelle
zwischen den Bergen
verharren
beider Wasser
in sehr stiller Hochzeit

Ich bin ein Weilchen Gast
auf jenen einsamen Pfaden
und lausche
ihren unhörbar
in geheimnisvollen
tiefen Gründen
verborgenen
Liebesbekundungen

Und sie beschenken mich
immer wieder unendlich
mit einem unfassbaren
tiefen Frieden des Herzens

Ich danke euch
oh weit gereister
Wanderer Fluss Tajo
oh kleine Braut
Garganta de Descuernacabras
für eure
unermessliche Gabe.

Schnelle Straßen

Auf neuen
guten Straßen
die Gredos-Bergkette
südlich umfahrend
fahren wir mitten
in die dahinter liegenden
hohen Berge

An einem kleinen
Stausee vorbei
auf Serpentinen
hinauf nach Las Hurdes

Wie Schwalbennester
fügen sich die alten Dörfer
in die runden Hänge

Die frische Luft
atmet das satte
unglaublich zarte Grün
unzähliger Kiefern
die unbändig sogar
am Straßenrand sprießen

Doch selten halten wir
auf jenen schnellen Straßen
und streben eilig
vorwärts vorwärts
Ort um Ort

Doch am Abend
als versonnen der Tag
in rotem Licht
sich heimwärts neigt
fahren wir geduldig
enge Kurve um Kurve
im Westen auf das
südliche Gredos hinauf

Und stehen ganz oben
gebannt vom Zauber
der spröden
und weiten
einsamen Höhe
und nehmen Abschied.

Und durch seltsam
schmale Straßen
zwischen steilen
eng mit hohen schlanken
noch winterlich
kahlen Laubbäumen
bewaldeten Hängen
tasten wir uns vorsichtig
im Dämmerlicht
des kühlen Abends
bergab
bergab

Im geheimnisvollen Schleier
der nahenden Dunkelheit
ruht ein wilder Bach
im weithin bekannten
schön ausgespülten
breiten weichen Felsenbett

Und auf fast
schnurgeradem Wege
unter dem
nahenden Sternenhimmel
kehren spät wir still
nach Hause zurück.

Stiller Nachtdonner

Der Himmel hat rasch
die dunkelblaue Decke
über sich gezogen
mit dem flammenden Streifen
an der linken Seite

Oben leuchtet
rund und hell
die blasse nächtliche Scheibe
und tausend kleine Lichter
singen aus der tiefen Ferne

Alles hüllt die schöne klare
Sternendecke ein
in warme Dunkelheit
und ihre heutige Königin

Zieht plötzlich leis
als wäre sie verschämt
wie durch Zauberhand
erschienene
seidenzarte
Wolkenschleier
vors Gesicht

Die stillen Gesänge
und Geschichten des Himmels
sind niemals langweilig.

Herbstwind

Freundlich nicken
noch grün in grün
die so unendlich
vielartigen Bäume
die so unendlich
vielartigen Sträucher

Endlose Schwärme
von Vögeln
tanzen singend
und verstreut
wie duftig-leichte
Blütenregen

Sitzen überall eng
und selbstverständlich
Vogel an Vogel
auf schwankenden
Hochspannungsleitungen
schauen umher

Der klare Himmel
ist durchsetzt
von so vielerlei
weißen Wolken
die dahin ziehen

Die Farben leuchten überall
so sehr lebendig

mit so besonderer Kraft
in buntem Prunk

Kein Wunder
dass ich betrunken bin
und tanze
wie ein Blatt im Wind

Rosengruß

Jeden Morgen fahre ich mit dem Rad an zwei Rosensträuchern vorbei.

Der erste, buttergelb, hinreißend...

Der zweite pinkfarben...

Und jeden Tag freue ich mich, sie zu sehen; so sehr strahlen sie mich jedes Mal an.

Doch eines Tages hatte ich eine Kamera dabei... und blieb stehen, um sie zu fotografieren.

Es hatte geregnet; ihre Blüten waren voller Tropfen.

Als ich schließlich vor der rosafarbenen Rose stand, war ich überrascht, denn sie duftete. Das hatte ich nie bemerkt, obwohl ich sie jeden Tag fast streife.

Auf dem Nachhauseweg fuhr ich auf der anderen Straßenseite an der Rose vorbei und grüßte sie in meinem Herzen.

Sie grüßte zurück: ein Hauch von Rosenduft wehte zu mir hinüber.

Und ich dankte ihr.

Trotzdem

Die Wichtigkeit hat
ein hartes graues Band
durch das Grün
des Lebens gezogen
und eilt darauf
von hier nach dort.

Die Blume am Rande
kümmert das nicht.

Sie träumt
von klaren Nächten
und Tanz im Zauber
des Morgentaus
und verschenkt sich
in Liebe
an die Sonne

Der Schnitter kommt.

Die Lerche singt
vom Walde her.

Sie und ihre Brüder
fallen stumm.

Nur der Himmel
vergießt ein paar Tränen.

Schon wenige Tage später
erheben sich ihre Kinder
aus dem neuen Grün hervor

Neben dem Grau
der Wichtigkeit

Es kümmert sie nicht.

Bildverzeichnis

Titel	Jahr	Seite
Blaue Blume der Glückseligkeit	2008	1
Blumenwiese mit Klatschmohn	2008	7
Steinkreis im Villuercasgebirge	1999	10
Villuercas-Gebirgszüge	1999	11
Alter Weidepfad	1999	14
Mandelblüte im Februar	1999	19
Bachmündung in den Tajo	1999	21
Ruine eines alten Hirtenhauses	1999	23
Blick auf den Tajo	1999	25
Klatschmohn im Kornfeld	1997	28
Felsgestein am Fluss Ibor im Abendlicht	1999	30
Bach	2010	35
Licht und Schatten – ein bereifter Baum	2011	37
Wilde Orchideen	2008	39
Bachmündung in den Tajo II	1999	40
Bach II	2008	42
Im Abendlicht	2008	45
Schafe im Abendrot	1999	48
Olivenbaum	1999	50
Olivenhain	1999	51
Hügellandschaft der Extremadura im Frühling	2008	54
Gredosgebirge im Frühling	2008	57
Zistrosen in Blüte	2008	58
Mond	2008	62
Blick auf den Tajo II	2008	67
Gewitter	2008	70
Tal Las Veneras unter Gewitterwolken	1999	75
Verwildertes Grundstück	2008	81
Fluss Tajo	2008	83
Hochebene Gredosgebirge im Abendlicht	1999	87
Herbstlaub und wilde Rose	2010	91
Pinkfarbene Rose	2014	93
Blüte im Frühlingswind	2008	95
Blühende Akazie	1999	96

Inhaltsverzeichnis

Andere Leute..5
Wehmut..8
Glück..9
Las Villuercas..10
Beschenkt..12
Über den Bergen...15
Begegnung im Winter...16
Altchinesische Inspiration..17
Mandelbaum..18
Der Fluss...20
Verlorene Welt..22
Begegnung im Sommer 26
Abschied..29
Landschaftsbilder..31
Der blaue Vogel der Glückseligkeit...........................33
Neues..34
Wintersonne...36
Kleiner Kosmos...38
Querbergein...40
Vor meinem Fenster..44
Kleine Mutter..46
Olivenhain...49
Himmelslieder...52
Erdentaumel...54
Abseits...58
Immer wieder..61
Bruder Mond...63
Aquarell...64
Jenes Unsichtbare..68
Gewitter im März..71
Las Veneras...72
Gesang der Natur..76
Stille Nacht..78

Der Abendball..80
Hochzeit...82
Schnelle Straßen..86
Stiller Nachtdonner...89
Herbstwind..90
Rosengruß..92
Trotzdem..94
Bildverzeichnis..97
Inhaltsverzeichnis..98

Nachfolgend Zeitpunkte der Entstehung der Texte:

Andere Leute (1999), Wehmut (1992), Glück (1992), Las Villuercas (1999), Beschenkt (1992), Über den Bergen (1999), Begegnung im Winter (2014), Altchinesische Inspiration (1993), Mandelbaum (1999), Der Fluss (1999), Verlorene Welt (1999), Begegnung im Sommer (1997), Abschied (1999), Landschaftsbilder (1999), Der blaue Vogel der Glückseligkeit (2014), Neues (1999), Wintersonne (1998), Kleiner Kosmos (1999), Querbergein (1998), Vor meinem Fenster (1997), Kleine Mutter (1999), Olivenhain (1999), Himmelslieder (1997), Erdentaumel (1998), Abseits (1999), Immer wieder (1998), Bruder Mond (1999), Aquarell (1999), Jenes Unsichtbare (1997), Gewitter im März (1999), Las Veneras (1999), Gesang der Natur (1997), Stille Nacht (1999), Der Abendball (1999), Hochzeit (1999), Schnelle Straßen (1999), Stiller Nachtdonner (1997), Herbstwind (1999), Rosengruß (2014), Trotzdem (2014)